NOTES
POUR SERVIR A L'HISTOIRE
DES
INSECTES NUISIBLES
DANS LE DÉPARTEMENT DE LA MOSELLE.

N° 4.

QUELQUES INSECTES DES ORMES ET DES PEUPLIERS.

PAR

J. B. GÉHIN,

Pharmacien de première classe, Membre de plusieurs Sociétés savantes nationales et étrangères.

(Extrait du Bulletin des Comices.)

METZ.
IMPRIMERIE F. BLANC, RUE DU PALAIS.
1860.

RAPPORT FAIT AU COMICE AGRICOLE DE METZ,

SUR

QUELQUES INSECTES XYLOPHAGES

ET SUR LA

DESTRUCTION DES INSECTES NUISIBLES

EN GÉNÉRAL,

Par une Commission composée de MM. les docteurs BARTHELEMY, DIEU et FINOT, de M. l'ingénieur RAILLARD, et GÉHIN, *rapporteur*.

Messieurs,

Le 26 juin dernier, un membre du Comice agricole de Metz, M. Fridrici, vous a lu une notice *sur quelques insectes nuisibles qui, depuis plusieurs années, font des ravages considérables autour de Metz*. En donnant les indications sommaires propres à faire connaître la nature des dégâts, leur importance ainsi que les principaux moyens d'y porter remède, notre honorable collègue a en même temps placé sous les yeux du Comice les six espèces d'insectes auxquelles il faut, selon lui, attribuer le dépérissement ou la mort de la plus grande partie des arbres qui ornent les promenades et les fortifications de la ville, ou qui bordent les routes de nos environs. Frappé de l'importance des révélations qui lui étaient faites, le Comice a, dans la même séance, renvoyé la note de M. Fridrici à l'examen d'une Commission, en chargeant celle-ci de faire un rapport à ce sujet et de proposer, s'il y avait lieu, les moyens propres à faire disparaître, ou tout au moins à diminuer le dommage causé par les insectes dont il était question.

Peu de temps après cette communication, l'Académie impériale de Metz fut également touchée des mêmes observations, et, dans sa séance du 28 juillet suivant, cette savante compagnie décida que la notice de M. Fridrici serait insérée dans ses mémoires, et qu'il serait fait appel aux journaux de la localité pour donner la plus grande publicité possible à des faits qui intéressent, non-seulement l'édilité messine et de nombreux propriétaires, mais encore l'administration du génie militaire et celle des ponts et chaussées, auxquelles appartiennent une grande partie des arbres attaqués par les *Cossus*, les *Scolytes* et les *Sésies*.

A la suite de ces communications et de la publicité qui les suivit, une visite générale de tous les arbres signalés fut faite par les délégués des administrations que je viens de citer. Les Commissions qui procédèrent à cette enquête reconnurent l'exactitude des faits observés par M. Fridrici, et décidèrent l'abattage de plus de six cents arbres de la ville et des environs. C'est évidemment à l'exécution de ces mesures et à la publicité donnée à la notice lue au Comice agricole et à l'Académie impériale, qu'il faut attribuer le peu d'empressement que mirent à se constituer les membres de la Commission nommée le 26 juin dernier; l'expérience qui se faisait au grand jour paraissait suffisante, et ce ne fut que pour satisfaire aux exigences du réglement, ainsi qu'aux sollicitations de M. le Président du Comice, que M. Périn vous communiqua, dans la séance du 1er décembre dernier, la notice qu'il avait préparée sur le même sujet.

Mais, Messieurs, outre que ce rapport ne faisait connaître aucun fait nouveau, il passait sous silence plusieurs autres questions tout au moins aussi importantes, qui se rapportent à la propagation des insectes nuisibles, à leur destruction ainsi qu'à la législation qui la concerne. Ce sont ces considérations qui ont déterminé le Comice à nommer une nouvelle Commission qui aurait à la fois à examiner la notice de M. Fridrici et à formuler des conclusions sur les questions incidentes que je viens d'indiquer.

Cette Commission s'est immédiatement constituée, elle a nommé M. le docteur Dieu pour son président, et elle a bien voulu me confier le soin de vous présenter le résultat de ses délibérations. J'ose espérer, Messieurs, qu'en raison de l'importance du sujet, vous voudrez bien m'excuser pour le temps qui s'est écoulé depuis le 1er décembre, et que le Comice m'accordera en même temps son indulgence pour la forme des observations que nous allons soumettre à son examen.

La notice qui vous a été communiquée par M. Fridrici, ne

concerne que les insectes qui vivent sur des arbres de culture, de végétation et d'usages très-différents, l'Orme et le Peuplier. L'histoire entomologique de ces arbres est encore à faire, mais celle des Scolytes, des Cossus et des Sésies est connue depuis longtemps : la reproduction ici ne serait pas d'une grande utilité et comporterait, d'ailleurs, des descriptions et des développements en dehors du cadre d'un rapport. Je me bornerai à vous en rappeler les faits indispensables à connaître, ainsi que les sources auxquelles on devra remonter pour avoir de plus amples renseignements. Je ne réserverai les détails plus précis que pour résoudre la question pratique, et, enfin, les documents les plus importants pour éclairer quelques points de notre législation, en ce qui concerne la destruction des insectes nuisibles. Malgré l'étendue d'un pareil programme, je serai aussi court que possible ; et, pour plus de clarté dans mon exposition, j'ai partagé mon rapport en trois parties sur lesquelles j'appelle maintenant votre bienveillante attention.

§ I.

De l'Orme et des Insectes qui attaquent cet arbre.

L'Orme, originaire d'Orient, est depuis longtemps acclimaté en Europe, où il s'est répandu en raison de la dureté de son bois et de la beauté de son feuillage, et deux espèces y sont plus particulièrement cultivées. Dans les environs de Metz, on ne rencontre guère que l'Orme champêtre (*Ulmus campestris,* Wildenou); sur nos remparts, on trouve, mélangé à celle-ci, l'Orme à fleurs éparses (*Ulmus effusa,* Wildenou); on distingue en outre plusieurs variétés de chacune de ces espèces botaniques. Au point de vue qui doit nous occuper, nous n'avons pas à entrer plus avant dans ces détails, car tout ce que nous avons à rapporter s'applique indifféremment à l'ensemble des espèces cultivées qui appartiennent au genre *Ulmus.*

En consultant les auteurs qui, depuis Réaumur et Degéer, se sont occupés des insectes nuisibles aux plantes utiles, et plus particulièrement Ratzeburg et Macquart, on trouve que le nombre total des espèces qui vivent aux dépens de l'Orme ne s'élève pas à moins de cent vingt. Il est certain que si toutes vivaient à la fois sur le même individu, ou si seulement quelques-unes d'entre elles étaient souvent abondantes, aucun arbre ne résisterait et que même, si c'était possible, l'espèce elle-même ne tarderait pas à disparaître. Heureusement qu'il n'en est pas ainsi et que, suivant le climat, la température, la culture ou mille autres circonstances impossibles à prévoir, le plus grand nombre de ces parasites ne se multiplient que dans des limites fort étroites ; ce n'est, au contraire, que dans des cas tout à fait exceptionnels que quelques-uns atteignent des proportions qui les rendent capables de causer des ravages d'une intensité égale à celle qui vous a été signalée par M. Fridrici. Si donc, en ce qui concerne l'Orme, on ne prend en considération que les espèces les plus communément répandues, on ne trouve plus que quatre Coléoptères (*Scolytus destructor*, Oliv., *Sc. multistriatus*, Marsh., *Sc. pygmæus*, Fabr., et *Galleruca calmariensis*, Fabr.); trois Lépidoptères ou Papillons (*Bombyx neustria*, Linn., *B. dispar*, Linn., et *Cossus ligniperda*, Linn.); et enfin deux Hémiptères, Cochenille ou Puceron (*Coccus ulmi*, Linn., et *Aphis ulmi*, Linn.); en tout neuf espèces, auxquelles il faut encore ajouter deux autres Coléoptères ou Scarabées (*Hylesinus varius*, Linn., et *Hylæcœtus dermestoïdes*, Fabr.) que l'on ne rencontre que sur les arbres morts sur pied ou déjà abattus, mais également nuisibles, puisque, par leurs perforations, ils hâtent la décomposition du bois ou le rendent impropre aux usages auxquels on le destine.

Ainsi que je l'ai déjà dit, tous ces insectes sont connus : Ratzeburg, en Allemagne, M. Mathieu, à Nancy, et plus récemment encore, M. Eugène Robert, de Paris, ont publié les détails les plus précis sur leur organisation, leurs métamorphoses, la nature des dégâts qu'ils produisent et les moyens de les combattre. C'est aux ouvrages des auteurs que je viens de citer que j'emprunterai la plupart des renseignements qui peuvent intéresser le Comice.

M. Fridrici ne vous a signalé, comme étant très-nuisibles à l'Orme, que les *Scolytes destructeur* et *pygmée*, il aurait dû y ajouter une troisième espèce intermédiaire, le *Scolytus multistriatus*, Marsh., qui accompagne ordinairement les deux premiers sur les gros arbres, ou qui vit solitaire sur les Ormes de grosseur moyenne; quand ces trois espèces vivent ensemble sur le même sujet, elles occupent chacune une place distincte. Ainsi, le Scolyte destructeur, de tous le plus gros, le plus abondant et le plus nuisible, ne creuse ses galeries que sous l'écorce du tronc, le Scolyte pygmée n'habite que les jeunes branches, et enfin, sur les branches intermédiaires, vit le Scolytus multistriatus. A part ces particularités, tout ce que nous allons dire peut être appliqué à tous les Scolytes de l'Orme.

Depuis la fin de mai jusqu'en juillet, on rencontre ces insectes sur le renflement basilaire des jeunes branches de l'année, occupés à y creuser de petites galeries dirigées de haut en bas vers le centre de la branche et destinées à leur fournir la sève qui se rend aux feuilles terminales. Pendant le restant du mois de juillet et en août, on trouve encore quelques-uns de ces insectes à la surface de l'arbre, mais la plupart ont disparu sous l'écorce du tronc ou des branches, selon les espèces, et dans laquelle ils pénètrent ordinairement par le fond des crevasses. Ces nouvelles galeries, dirigées de bas en haut, sont parallèles aux couches de l'aubier, mais n'y pénètrent jamais; leur ouverture reste libre jusqu'à la fin d'août, époque à laquelle a lieu la fécondation. Une fois l'accouplement terminé, le mâle périt misérablement, tandis que la femelle continue à creuser sa galerie ovifère, dans laquelle elle dépose ses œufs alternativement à droite et à gauche. Bientôt les jeunes larves éclosent et, au mois de septembre, on trouve déjà des vers blancs occupés à creuser des galeries transversales destinées à intercepter la sève descendante qui leur sert de nourriture. On comprend que tous ces travaux ne peuvent pas s'accomplir sans la production d'une plus ou moins grande quantité de détritus; aussi, en septembre et en octobre, quelquefois même beaucoup plus tôt, trouve-t-on les crevasses de l'écorce et la base de l'arbre couvertes d'une poussière rougeâtre dont l'abondance est en rapport avec la quantité de Scolytes qui ravagent l'intérieur des couches corticales.

Le feuillage des Ormes scolytés ne présente quelquefois aucun signe indiquant une altération ou une interruption de la sève; d'autres fois les feuilles terminales des rameaux avortent en plus ou moins grande quantité; enfin, dans quelques cas rares, toutes les feuilles se flétrissent en quelques jours : alors l'arbre cesse de végéter et n'est plus bon qu'à être abattu. Des perforations pratiquées par les Scolytes ou par leurs larves, découle une certaine quantité de sève qui produit des phénomènes importants à décrire, car ils fournissent les meilleurs caractères pour reconnaître les arbres qui sont attaqués par ces insectes. M. Fridrici vous a déjà signalé la présence des Hyménoptères (Guêpes, Frelons, Bourdons, etc.) ou celle des Diptères (Mouches ou Moucherons) qui, attirés par la sève qui mouille l'extérieur de l'écorce, y viennent, souvent en nombre considérable, pour y puiser leur nourriture ou pour y déposer leurs œufs. Mais la sève qui s'épanche dans les tissus spongieux de l'écorce, s'y altère ou s'y décompose, et produit à la surface des taches brunes ou noirâtres, d'autant plus apparentes que l'arbre est plus jeune et que la saison est plus sèche. Ces taches, visibles en toute saison, vont continuellement en grandissant, deviennent confluentes et finissent par envahir toute l'écorce : on dit alors que *l'arbre prend le charbon,* et sa mort peut être considérée comme imminente. Pendant l'hiver, et jusqu'au printemps suivant, aux trous et aux taches que nous venons d'indiquer, on peut encore se servir, pour reconnaître la présence des Scolytes, du son produit avec un petit maillet de bois et qui, en frappant sur l'écorce, fait découvrir les places où celle-ci est séparée des couches sous-jacentes. En enlevant ces parties décollées, on trouvera les larves des Scolytes logées dans leurs galeries et à divers degrés de développement : les premiers à l'état adulte, en nymphes ou déjà à l'état parfait, tandis que d'autres n'en sont encore qu'à leur premier ou à leur deuxième âge. Enfin, au printemps, outre les trous d'entrée dont il a été question, on trouve encore des trous de sortie perpendiculairement perforés à la surface de l'écorce, et d'autant plus abondants que l'arbre était plus fortement attaqué.

Bien que l'on trouve des Scolytes sur des Ormes parfaitement sains, il est incontestable qu'ils sont toujours plus abondants sur ceux qui sont vieux, mal soignés ou à végétation languissante, et s'il est vrai qu'ils ne se portent que très-rarement sur des arbres déjà abattus, il n'en est pas moins vrai qu'ils continuent à vivre quand ils se trouvent sur un arbre dont leurs attaques ont déterminé la mort. Le premier remède qui se présente donc à l'esprit est celui qui consiste à abattre tous les arbres morts sur pied et à les décortiquer complétement, de manière à mettre à nu toutes les larves qui s'y trouvent et à les faire périr ainsi par leur exposition à la pluie ou au soleil; l'expérience ayant démontré que les larves de Scolytes, une fois sorties de leurs galeries, n'y rentrent plus et qu'elles ne tardent pas à mourir. Cependant, si l'opération du décorticage est faite au printemps, alors que déjà l'on trouve des Scolytes transformés et qui n'attendent plus que la consolidation de leurs téguments ou la chaleur pour paraître au jour, il faudra ramasser tous les débris d'écorce pour les brûler, de manière à détruire des insectes qui écloraient quand même, et iraient ensuite, en nombre plus ou moins considérable, se fixer sur les Ormes du voisinage.

Sur les arbres encore sains, sur ceux qui sont faiblement attaqués ou nouvellement envahis, il faudra, avec un couteau à deux mains, faire sur l'écorce de larges entailles longitudinales allant jusqu'au liber, ou les dessiner de manière à circonscrire presque complétement les parties de l'écorce où ces Xylophages ont établi leurs galeries. Ces entailles seront d'autant plus nombreuses, d'autant plus larges et d'autant plus profondes que l'arbre sera plus fortement atteint ou que son écorce sera plus épaisse. Par ce moyen, on met d'abord à nu une grande quantité de galeries de Scolytes, ce qui détermine la mort des larves qui les habitent, et on force ainsi la sève à se porter en plus grande abondance dans les parties conservées de l'écorce, ce qui contribue puissamment à la destruction des insectes qui y sont renfermés.

Sur les jeunes arbres ou sur les branches de petites dimensions, ces incisions peuvent être faites au moyen d'une griffe à trois dents (celle du milieu un peu plus courte) que l'on enfonce plus ou moins dans l'écorce, selon l'épaisseur de celle-ci ou selon l'intensité du mal. Une observation importante à faire encore, c'est que dans la recherche des arbres scolytés on ne devra pas borner ses investigations à la base du tronc; car, dans les terrains humides, les Scolytes ne descendent guère plus bas que 2 ou 3 mètres au-dessus du sol. Ce fait, presque général, semble indiquer que les Scolytes préfèrent la sécheresse et peut expliquer pourquoi leur multiplication a été si considérable pendant les années 1858 et 1859.

Il serait difficile, si non impossible, d'assigner une date certaine à l'invasion des Scolytes sur les Ormes de nos environs. Je dois cependant vous signaler un fait qui, selon moi, paraît y avoir contribué. Ainsi en 1854, en 1855 et en 1856 la plus grande partie des Ormes du Pâté, des glacis de la porte Mazelle et ceux du fort Belle-Croix, les seuls que j'aie observés à cette époque, avaient leurs feuilles couvertes des bourses produites par le puceron de l'Orme (*Aphis ulmi*, Linn.), au point qu'un très-petit nombre d'entre elles avaient conservé les caractères qui sont propres à cet organe dans l'état normal. Or, des feuilles ainsi altérées dans leur forme et leur structure, et dont la sève était constamment absorbée par des milliers de pucerons, ne pouvaient plus faire qu'incomplétement les fonctions de la respiration ; les arbres ont langui et leur force végétative n'a plus été suffisante pour faire périr les premières femelles de Scolytes qui sont venues creuser leurs galeries ovifères dans l'écorce. Une fois l'invasion opérée, les années de sécheresse de 1858 et de 1859, en donnant plus de force aux insectes, ont encore nui à la végétation des Ormes, et les choses n'ont pas tardé à prendre le degré d'intensité que vous a signalé M. Fridrici ; car, en ce qui concerne la propagation des insectes, une fois que l'équilibre est rompu, leur multiplication prend des proportions effrayantes en raison de la fécondité énorme qui appartient à un grand nombre d'entre eux.

Des expériences nombreuses et une pratique de plus de dix années faites sur les Ormes des promenades de Paris, démontrent que les arbres soumis au régime de décortication plus ou moins complète ne paraissent pas en souffrir et que, dans certains cas même, leur végétation a paru y gagner notablement. Sans pousser aussi loin que le propose M. Robert, le nombre ou la dimension des entailles à faire dans l'écorce des Ormes scolytés, votre Commission, considérant que tous les procédés qui consistent dans l'emploi de liquides acides, alcalins ou infects ne sauraient atteindre des parasites protégés par le tissus même de l'écorce où ils vivent ; considérant en outre que les procédés que nous avons indiqués sont recommandés par l'administration des ponts et chaussées, pour le traitement des arbres qui bordent les routes, nous avons l'honneur de vous en proposer également l'application aux arbres des environs de Metz, avec la réserve que nous avons signalée.

Nous ne nous étendrons pas davantage sur les insectes de l'Orme, ceux dont il vient d'être question comprennent les deux espèces qui sont indiquées par M. Fridrici, et ce n'est que sur eux qu'il y avait urgence d'appeler l'attention du Comice.

§ II.

Du Peuplier et des Insectes qui attaquent cet arbre.

Le Peuplier est certainement l'un des arbres d'ornements le plus répandu dans l'Europe tempérée. Une seule espèce, le Peuplier tremble (*Populus tremula*, Lin.) est indigène à notre département, où l'on rencontre également les autres espèces d'Europe, deux de l'Orient et deux autres d'Amérique, toutes parfaitement acclimatées et indifféremment cultivées pour border nos routes et nos promenades. Tous ces arbres ont le bois blanc et assez tendre; le nombre des insectes de tous les ordres qui vivent à leurs dépens s'élève à plus de deux cents. Cette aptitude particulière que possèdent les Peupliers de nourrir un si grand nombre d'insectes, tient à l'analogie qui existe entre ces arbres et les saules, les aunes, les bouleaux, etc., qui, eux aussi, en nourrissent beaucoup, et comme les conditions de tissus, de végétation et de localité sont presque les mêmes pour tous ces arbres, il en résulte une sorte de communauté dans leur faune entomologique.

Plus souvent que sur l'Orme, quelques-uns de ces parasites acquièrent une multiplication remarquable, mais la force végétative du Peuplier est telle et sa rusticité est si grande, que bien rarement il paraît souffrir de la présence des insectes et qu'il faut des circonstances tout à fait exceptionnelles pour occasionner des dégâts de la nature de ceux qui vous ont été signalés par M. Fridrici.

Quatre Coléoptères (*Saperda carcharias*, Lin.; *Saperda populnea*, Lin.; *Lina populi*, Fab.; et *Lina tremulœ*, Fab.), cinq Lépidoptères (*Cossus ligniperda*, Lin.; *Bombyx chrysorrhoa*,

Lin.; *Bombyx salicis*, Lin.; *Sesia asiliformis*, Lin.; et *Sesia apiformis*, Lin.), en tout neuf espèces, ont plus particulièrement été signalées, par les entomologistes, comme ayant quelquefois causé de grands préjudices aux Peupliers.

Bien que toutes ces espèces se rencontrent indistinctement sur toutes les variétés du Peuplier, il en est cependant qui paraissent choisir de préférence quelques-unes de ses variétés; ainsi, la *Saperde chagrinée* se trouve plus ordinairement sur le Tremble, la *Sésie asiliforme*, sur le Peuplier blanc, etc. Mais comme leurs habitudes n'en sont pas modifiées d'une manière particulière on peut, dans la pratique, considérer ce que nous allons dire comme également applicable à toutes les espèces de Peuplier. Pas plus que nous ne l'avons fait pour l'Orme, nous n'entrerons dans les détails longs et techniques que nécessiterait l'histoire, parfaitement connue d'ailleurs, de toutes les espèces qui, au nombre de quatre, ont été indiquées par M. Fridrici, comme nuisibles aux Peupliers de notre localité. Comme précédemment, nous nous bornerons à signaler les moyens de reconnaître leur présence et les procédés à employer pour les détruire.

Le *Cossus ligniperda*, Lin., ou Cossus Gâte-Bois, ou simplement Cossus, Gât, etc., n'est pas, comme on vous l'a dit, la chenille du saule, mais bien le ver du saule, la première dénomination se rapporte à la chenille du Bombyx salicis, L., espèce qui vit également sur le Peuplier mais qui ne se nourrit que de son feuillage.

Le Cossus est polyphage, on le rencontre sur les arbres les plus dissemblables; ainsi on le trouve sur l'Orme, sur le Chêne, sur le Poirier, etc.; mais c'est surtout dans les arbres à bois blanc (les Conifères exceptés) qu'il se développe le plus ordinairement et qu'il s'y multiplie en plus grande abondance.

De toutes les espèces de Peuplier, les américaines d'origine (Populus angulata, Pop. canadensis, etc.) paraissent être plus fréquemment attaquées par cet insecte. En 1857, j'ai déjà signalé, à la Société d'horticulture de la Moselle, la grande abondance de cette chenille dans les Peupliers des environs de Metz, et, à cette époque, j'annonçais de plus grands dommages ultérieurs, si l'on ne prenait aucune mesure pour en arrêter le développement.

Le papillon du Cossus, quoique de grande taille, est difficile à reconnaître et à saisir, car il ne vole que pendant l'obscurité; pendant le jour, il se tient immobile sur le tronc des arbres où sa présence est dissimulée par la couleur grise des écailles qui le recouvrent; ce n'est donc pas sur l'insecte parfait qu'il est possible d'opérer d'une manière efficace. La ponte a lieu en juillet; chaque femelle dépose ses œufs, au nombre de plus de cinq cents, sur le tronc de l'arbre qu'elle destine à sa progéniture; quelle que soit la hauteur à laquelle cette ponte se fait, les jeunes larves qui en éclosent, pénètrent dans l'épiderme de l'arbre par la base de celui-ci. C'est donc à cette époque de l'année qu'il convient de nettoyer complétement le tronc des Peupliers, afin de détruire les œufs qui y sont déposés, ou les jeunes chenilles qui s'y promènent pour chercher les endroits favorables à leur introduction dans l'écorce.

Pendant la première année de leur existence, les larves des Cossus restent le plus ordinairement dans les couches superficielles et ne nuisent que fort peu à l'arbre, vu la vigueur de celui-ci. Mais, si leur nombre est considérable, ou si la sève commence à faire défaut par suite de la sécheresse, alors elles pénètrent plus avant et creusent des galeries longitudinales, dirigées un peu obliquement, de manière à se rapprocher du cœur de l'arbre. C'est en ce moment que les ouvertures des galeries, et souvent aussi le pied de l'arbre, se couvrent des débris de fibres ligneuses rejetés au dehors par les larves. On comprend que des arbres dont l'intérieur est labouré en vingt endroits par des chenilles dont la taille dépasse souvent six centimètres de longueur, ne puissent continuer à vivre dans de pareilles conditions, surtout si, à de pareilles attaques, la sécheresse vient encore ajouter ses fâcheuses conséquences.

Pour débarrasser les Peupliers de parasites aussi dangereux, il faut, du printemps à l'automne, tenir le pied des arbres constamment propre, surveiller avec soin tous les trous par où s'échappent les débris de fibres ligneuses, et une fois les ouvertures des galeries mises à nu, y introduire des fils de fer recuit terminés en pointe, en crochet ou en hameçon, de manière à blesser mortellement les larves qui s'y trouvent ou les amener au dehors, et, dans ce dernier cas, il faudra les écraser immédiatement, car les larves de Cossus enlevées de leurs galeries, ne tardent pas à en chercher d'autres ou à en creuser de nouvelles, soit sur le même arbre, soit sur ceux qui sont à proximité. Quand on aura extrait une chenille de sa galerie, il sera bon de recommencer l'exploration de celle-ci, puisque très-souvent on y rencontre plusieurs individus placés à la suite l'un de l'autre. Enfin, pour compléter l'opération, il faudra reboucher toutes les ouvertures avec un mastic composé de chaux, de plâtre et de goudron du gaz, de manière à empêcher l'introduction des larves venues du dehors, tâcher d'asphyxier celles qui y restent ou arrêter la déperdition de la sève qui s'en écoule.

Ces procédés de destruction pourront paraître un peu longs, et votre Commission elle-même aurait peut-être hésité à vous les proposer il y a quelques mois. Mais, depuis la publication du mémoire de M. Robert, auquel ils sont empruntés, de nombreuses applications en ont été faites dans la Moselle et dans la Meurthe, sous l'habile direction de MM. les ingénieurs des ponts et chaussées, Raillard et Dilschneider; l'expérience en a démontré l'efficacité et prouvé que les cantonniers pouvaient en acquérir rapidement la pratique et même une certaine habileté, ce qui a permis d'en étendre l'emploi tout en diminuant les frais de main-d'œuvre.

Les deux espèces de Sésies qui, en 1858 et en 1859, ont été si abondantes sur les Peupliers de nos environs, sont en général beaucoup moins répandues que le Cossus, et ce n'est bien certainement que d'une manière toute exceptionnelle qu'elles ont pu, à l'aide de circonstances atmosphériques favorables, sur lesquelles nous reviendrons tout à l'heure, acquérir des proportions aussi considérables. C'est presque toujours à la base du tronc, surtout chez les arbres d'une certaine grosseur, que les chenilles des Sésies creusent leurs galeries à l'orifice desquelles viennent également s'accumuler des débris de fibres ligneuses, mais de dimensions beaucoup plus petites que celles qui sont produites par les Cossus. Le plus ordinairement les Sésies se logent dans le tronc des jeunes arbres, et comme leurs galeries sont dirigées presque normalement à l'écorce, elles amènent souvent, par leur multiplication en un même point, la rupture des jeunes sujets. La chasse aux Sésies devra se faire en avril ou en mai, et au moyen des instruments dont nous avons conseillé l'emploi pour le Cossus. Mais, ce qui sera le plus efficace, et qui se trouve indiqué dans la notice de M. Fridrici, c'est le déchaussement complet des arbres attaqués, de manière à enlever la plus grande partie des chrysalides qui, au mois de mai, se trouvent dans le sol ou à l'orifice des trous qui débouchent au collet de la racine.

Le dernier des insectes du Peuplier, sur lequel on a appelé l'attention du Comice, est la Saperde chagrinée (*Saperda carcharias,* Lin.), coléoptère d'assez grande taille et dont la larve vit également dans le tissus ligneux. C'est, ainsi que je l'ai déjà dit, sur le Tremble que cet insecte se multiplie le plus ordinairement; mais au lieu de creuser ses galeries dans le tronc, comme le Cossus, ou sur le collet de la racine, comme la Sésie, c'est sur les branches de deuxième ou de troisième grandeur qu'elle exerce ses ravages. Ici, Messieurs, votre Commission est forcée d'avouer l'impuissance des moyens de destruction qui précèdent. Rien de pratique ni de rationnel ne saurait vous être proposé pour atteindre facilement et économiquement les larves de ce longicorne, dont la présence ne se décèle d'ailleurs le plus ordinairement que par la mort de la branche sur laquelle elles se développent. Cependant, comme l'insecte parfait éclot en juin ou en juillet, et que pendant le jour il se tient fixé sur les rameaux de l'arbre, on devra, à cette époque, secouer ceux-ci vigoureusement de temps en temps, de manière à faire tomber les Saperdes qui s'y trouvent, afin de les détruire avant l'accouplement ou tout au moins avant la ponte.

Nous terminerons notre examen, en ce qui concerne les insectes du Peuplier, par quelques considérations sur les causes qui, selon nous, ont amené l'état maladif d'un grand nombre des arbres de cette espèce, et dont l'intensité a motivé la communication faite au Comice le 26 juin dernier.

Aux mois de juillet 1855 et 1856, les Peupliers du Pâté et tous ceux qui bordent la route de Magny, étaient presque complétement dépouillés de leurs feuilles, par suite de la multiplication prodigieuse du *Bombyx salicis,* Fabr., dont le papillon blanc jonchait alors les chemins de cette partie des environs de la ville. Ce fait, remarquable en ce qu'il coïncide avec l'invasion du puceron de l'Orme dont il a été parlé précédemment, a dû contribuer à affaiblir les arbres que je viens de signaler. En 1857, l'été ayant été chaud et sec, la sève a été peu abondante ; comme d'autre part la température était favorable au développement des insectes, les Cossus et les Sésies se sont multipliés plus fortement que d'habitude, et ceux qui avaient déjà une année d'existence, ont creusé des galeries plus profondes pour trouver une sève qui leur faisait défaut dans les couches superficielles. En 1858, les choses se sont passées de la même manière, avec cette circonstance aggravante que l'arbre était plus malade, tandis que les chenilles étaient au contraire plus nombreuses et plus fortes. Enfin, en 1859, il faut ajouter, aux causes que je viens d'énumérer, la déperdition considérable de sève par les ouvertures des galeries des Cossus et des Sésies, alors cependant qu'une troisième année de sécheresse la rendait plus rare et plus nécessaire à la végétation. On comprend qu'un pareil état de choses ait empêché les fluides nourriciers de parvenir au sommet de l'arbre en quantité suffisante ; de là, le feuillage tardif, maigre ou tout à fait nul que tout le monde a remarqué au sommet d'un grand nombre de Peupliers. La sécheresse a donc contribué à la fois au dépérissement de l'arbre et à la multiplication des insectes ; c'est à ce double effet qu'il faut attribuer l'intensité exceptionnelle avec laquelle s'est propagée la maladie dont il est question dans la note de M. Fridrici. Ce qui met cette explication hors de doute, c'est qu'en général ce sont les Peupliers les plus exposés à ressentir les effets de la sécheresse qui ont été les plus fortement atteints, tandis que ceux qui sont placés dans les terrains restés humides ou dans le voisinage de l'eau ne l'ont été que faiblement et en petit nombre. A ne voir que la superficie des choses ou à prendre à la lettre les faits qui ont été signalés au Comice, on serait tenté d'en attribuer l'origine à un seul ordre de phénomènes, tandis que ce n'est qu'à leur coïncidence fortuite qu'il faut la rapporter.

Aux considérations qui précèdent, particulièrement applicables aux Ormes et aux Peupliers, votre Commission croit devoir en ajouter d'autres qui ne sont pas moins importantes, mais comme elles sont relatives à tous les insectes nuisibles et qu'elles touchent à des intérêts plus généraux, nous les avons réunies dans un chapitre spécial auquel nous avons donné pour titre :

§ III.

De la destruction des Insectes nuisibles et de la législation qui s'y rapporte.

Il faudrait, Messieurs, bien peu connaître la force d'inertie particulière à l'homme, pour croire qu'il suffit de lui proposer quelque chose d'utile, pour le lui voir mettre en pratique. Ce reproche ne s'adresse pas seulement aux cultivateurs, mais encore aux compagnies savantes qui ont pour but l'avancement de l'agriculture, et dont quelques-unes à peine ont pris des mesures pour vulgariser ou pour expérimenter les procédés indiqués par les entomologistes pour combattre les insectes nuisibles. On connaît les moyens de diminuer sensiblement les pertes que nous font subir les insectes sur les oliviers dans le midi, sur la betterave dans le nord, sur les colzas ou les céréales presque partout, et, cependant, nous ne voyons nulle part ces méthodes entrer dans le domaine de la pratique agricole, même dans les pays où leur utilité est incontestable. Dans le cas particulier qui a motivé ce rapport, votre Commission prévoit le peu d'application des moyens que nous vous avons proposés, à l'exception, toutefois, de l'administration des ponts et chaussées et de celle du génie militaire qui, dirigées par des hommes compétents, zélés et actifs, comprendront l'importance des conseils dictés par la science ou par l'expérience, et sauront les mettre à profit. Ce sont, d'ailleurs, les résultats obtenus en 1859, par ces administrations, qui ont conduit votre Commission à examiner si la législation ne pouvait pas être invoquée pour contraindre les indifférents ou les récalcitrants à contribuer à la destruction des insectes nuisibles qui ravagent leurs cultures, et d'où ils peuvent ensuite se répandre dans le voisinage et, de proche en proche, envahir toute une contrée.

Dans les préliminaires d'un ouvrage dont la quatrième partie est à la veille de paraître, j'ai déjà eu occasion de traiter cette question, et j'aurai peu de choses nouvelles à ajouter aux emprunts que je ferai au Mémoire imprimé, en 1856, dans le *Journal de la Société d'horticulture de la Moselle*.

Et d'abord, Messieurs, une loi sur la destruction des insectes nuisibles est-elle utile et, dans ce cas, son application est-elle possible?

La première partie de cette question peut déjà être résolue par le simple examen de ce qui précède. N'est-il pas probable, en effet, que si, en 1856, les Ormes et les Peupliers n'avaient pas été en partie épuisés par les pucerons ou par les chenilles, leur force végétative eût été suffisante pour noyer dans la sève, ou pour expulser, par l'afflux de celle-ci, une grande partie des Scolytes, des Cossus ou des Sésies qui, plus tard, ont trouvé des éléments si bien préparés et des circonstances si favorables à leur développement? N'est-il pas évident que si, en 1857, ou seulement en 1858, on avait fait ce qui a été pratiqué en 1859 sur les Peupliers de nos routes, le mal n'aurait pu atteindre des proportions telles, qu'il a fallu procéder à l'abattage d'un grand nombre d'entre eux? N'est-il pas facile de comprendre aussi que toutes les précautions qui ont été prises, peuvent devenir inutiles, si, dans le voisinage des arbres qui en ont été l'objet, il existe une plantation, également envahie par ces insectes, et dans laquelle on ne fera rien pour en arrêter le développement? Il y a donc, dans un grand nombre de cas, un moment où quelques précautions, prises avec ensemble et discernement, pourraient empêcher le développement ultérieur d'une quantité prodigieuse d'insectes nuisibles.

Il y a longtemps que l'on a constaté l'instinct merveilleux avec lequel les insectes xylophages savent distinguer les plantes qui conviennent le mieux à leur développement; c'est en général sur celles qui sont déjà malades qu'ils se jettent de préférence; de sorte que, par leur présence, ils en hâtent encore le dépérissement. Quant aux insectes phyllophages, on sait qu'ils attaquent indifféremment les arbres dans toutes les conditions de santé possibles; ils paraissent donc préparer ceux-ci à recevoir les insectes qui vivent dans le bois : ce qui prouve d'une manière frappante, selon nous, l'utilité de leur destruction. L'utilité de l'échenillage une fois reconnue, la nécessité de le pratiquer en sera la conséquence toutes les fois que le dommage à éviter ou à réparer dépassera les frais de la mise en œuvre des procédés destinés à produire ces résultats.

Mais, Messieurs, à quoi bon tant de peines et de sacrifices, si un propriétaire voisin ne suit pas votre exemple, et s'il laisse impunément ses arbres se couvrir d'insectes nuisibles qui, en dépit de toutes les précautions que vous aurez prises, ne tarderont pas à envahir les vôtres? A quoi bon abattre des arbres ravagés par les Scolytes ou les Cossus, si on laisse la grume au milieu d'arbres sains, sur lesquels viendront bientôt se rendre des milliers de larves ou d'insectes sortant du tronc des arbres abattus? Que dans un jardin, enfin, on néglige d'enlever les nombreuses bourses qui protégent, pendant l'hiver, les jeunes larves du Bombyx cul brun, et l'on verra si, l'été suivant, les arbres du voisinage ne seront pas envahis par les chenilles de ce papillon? Une propriété négligée peut donc devenir un véritable foyer d'infection, et l'auteur de cette négligence est responsable du dommage qu'il cause à ses voisins. Il ne faut pas oublier surtout que le mal est à peu près sans remède, quand il a atteint une certaine proportion; c'est donc dès le début qu'il faut l'arrêter, et ce résultat ne saurait être obtenu sans la contrainte légale.

Votre Commission, désirant vous faire partager ses convictions, a pensé que, sans aller au fond de tous les arguments qui peuvent être invoqués en faveur de la nécessité de réglementer la destruction des insectes nuisibles, il convient cependant de discuter les principales raisons qu'on oppose à toute intervention, légale ou non, en cette matière; car, en dehors des indifférents, nous avons des adversaires, même parmi les entomologistes. Les objections dont il s'agit reposent : 1° sur ce qui se passe dans les autres États; 2° sur l'insuffisance de nos moyens de destruction; 3° sur le parasitisme; 4° enfin sur ce que les plus grandes calamités, causées par les Scolytes, les Bombyx, les Chlorops, etc., finissent par disparaître d'elles-mêmes sans le secours d'aucun moyen artificiel. Nous allons, aussi brièvement que possible, examiner chacun de ces motifs d'opposition.

L'Angleterre, les États-Unis et l'Allemagne n'ont pas, il est vrai, de législation concernant la destruction des insectes nuisibles, et cependant on ne peut nier l'état prospère de l'agriculture dans ces pays; mais aussi la propriété est loin d'y être aussi divisée qu'elle l'est en France, et, par conséquent, l'indifférence ou l'incurie d'un cultivateur ne saurait avoir pour ses voisins les inconvénients que nous avons signalés. Les travaux remarquables publiés en Amérique et en Angleterre, sous le patronage du gouvernement et sur cette matière, prouvent suffisamment que, malgré le silence de la loi, on n'en considère pas moins comme très-utile à encourager la destruction des insectes xylophages; aussi les cultivateurs de ces États, plus éclairés et plus entreprenants que les nôtres, ne négligent-ils aucune occasion de préserver leurs récoltes d'un dommage quelconque. En Allemagne, l'enseignement de l'entomologie pratique est fort répandu, et les corps savants y propagent et y récompensent tous les travaux qui tendent à vulgariser les procédés qui peuvent faciliter la destruction de ces insectes nuisibles.

La seconde objection qu'on nous oppose, et qui est fondée sur l'insuffisance de nos moyens de destruction est, il faut en convenir, plus sérieuse que la précédente, et nous avouons humblement que beaucoup des moyens proposés jusqu'ici sont loin de satisfaire complétement à la solution du problème. Mais, Messieurs, c'est qu'aussi il n'y a pas bien longtemps que ces questions sont à l'ordre du jour et, en ce moment encore, on peut facilement compter en Europe les entomologistes qui, abandonnant les abstractions de la science, tâchent d'utiliser leurs connaissances au profit de la cause que nous soutenons. Quant aux cultivateurs, c'est à peine si ceux qui se prétendent les plus éclairés daignent descendre dans de pareils détails, et cependant, s'ils le voulaient, de combien d'utilité les observations qu'ils peuvent faire ne seraient-elles pas pour faciliter, hâter même, la solution de plusieurs questions d'entomologie pratique. Ce qui, en France, manque surtout aux ouvriers du sol, ce sont les connaissances les plus élémentaires en histoire naturelle, et certes, ce n'est pas beaucoup exiger d'eux en leur demandant de savoir au moins discerner les insectes qui peuvent leur être nuisibles de ceux qui leur sont de la plus grande utilité. Tous les jours ils détruisent des carabes, des araignées, des oiseaux à bec fin, etc., dont la seule nourriture, cependant, consiste en chenilles, larves ou autres insectes vivant au dépens de nos plantes cultivées.

Si, dans certains cas, la rapidité des ravages, le nombre prodigieux des insectes qui en sont cause, le milieu où ils vivent, etc., nous rendent impuissants pour y porter un remède efficace, il ne faut pas oublier que le mal ne peut atteindre cette intensité qu'après plusieurs générations des insectes envahisseurs, ou bien que, localisés d'abord en quelques points, ils se sont propagés par le contact ou par des émigrations en quantité considérable. Si donc, dès le début de leur apparition dans ces centres de propagation, on avait pris quelques précautions; si, dans le commencement d'une production anormale des insectes phytophages, le propriétaire de ces arbres couverts de chenilles ou de pucerons, celui de ce champ de blé cécidomyié, avaient employé quelques-uns des moyens employés en pareils cas, n'est-il pas évident que l'on n'aurait pas eu plus tard à subir, dans quelque lieu, les conséquences fâcheuses de cette incurie? Dans la question qui nous occupe en ce moment, tout dépend donc du point de départ, et c'est précisément à cause de cela que nous voulons, autant que possible, prévenir ces désastreuses extrémités, ou tout au moins les rendre moins fréquentes, en forçant à agir alors qu'il est encore temps.

Le parasitisme est, il est vrai, assez général, et un grand nombre d'insectes est destiné à en faire vivre un ou plusieurs autres. Cependant il y a un bon nombre d'insectes nuisibles pour lesquels le parasitisme n'existe que dans des proportions telles, qu'on ne saurait espérer en tirer quelque parti au point de vue de la diminution des individus. Ainsi, dans le cas particulier des Scolytes de l'orme, sur lesquels vit un petit Ichneumon (*Bracon initiator,* Wesm.), on a remarqué que celui-ci est en quantité si minime que, sur des arbres couverts de milliers de larves de Scolytes, c'est à peine si l'on en a trouvé quelques-uns. Le parasitisme ne peut donc être invoqué que dans quelques cas et, comme avant son apparition en quantité suffisante pour détruire un grand nombre d'insectes nuisibles, ceux-ci auront déjà pu exercer leurs ravages pendant une ou plusieurs générations, ce ne sera souvent que trop tard qu'ils pourront faire rentrer les choses dans l'état normal. En résumé, si les insectes deviennent assez nombreux pour endommager nos cultures, c'est que l'équilibre naturel a été rompu, par conséquent il ne peut se rétablir avec le secours des insectes parasites que quand ceux-ci auront atteint une proportion exagérée. Pendant le temps qui s'écoulera jusqu'à ce moment favorable, le mal ne fera que s'aggraver : c'est donc avant ou nonobstant l'apparition des parasites qu'il faut agir, en réservant leur puissant concours pour les cas malheureusement encore trop fréquents où nous ne pouvons plus rien tenter contre les insectes phytophages.

La dernière objection que nous avons signalée, peut déjà être combattue par les arguments qui précèdent, aussi n'avons-nous que peu de choses à y ajouter. Quand on étudie la marche des épidémies ou celle des épizooties, on trouve aussi que ces calamités, quelles qu'elles soient, finissent toujours par disparaître comme elles sont venues, sans causes bien déterminées ; cependant, Messieurs, peut-il venir à l'esprit de personne aujourd'hui, que nous n'ayons rien à faire pour prévenir ou combattre les calamités de cette sorte qui viennent frapper l'espèce humaine ou dépeupler nos étables ? Relativement aux grandes invasions d'insectes nuisibles, l'assimilation est parfaite et nous ne pouvons admettre que, devant les fléaux de ce genre, comme devant les autres, nous n'ayons qu'à nous résigner et à attendre, inactifs, qu'ils disparaissent spontanément. A ces raisons, qui nous paraissent péremptoires, on peut encore ajouter que le moment favorable pour entreprendre la destruction d'un insecte varie pour chaque espèce, et que pour chacune d'elles il est souvent limité à un très-petit nombre de jours ou à un temps très-court de leur existence. Or, il est impossible de prévoir dans quelles conditions météorologiques la végétation d'une plante doit s'accomplir, au moment où elle sera le plus exposée à être la proie des insectes ; faut il donc, avec une pareille inconnue, laisser échapper le temps propice pour l'en préserver et rester spectateur indifférent de la multiplication d'une espèce nuisible, parce que l'on espère un printemps pluvieux, un été sec ou un hiver rigoureux ?

Toutes les objections que nous venons d'examiner n'ont donc qu'une valeur relative ; et, si on les appliquait à la lettre, il faudrait, pour être conséquent, non-seulement proscrire toute législation concernant la destruction des insectes nuisibles, mais encore considérer comme oiseux les magnifiques travaux entomologiques publiés en France par Réaumur et M. Perris ; en Allemagne par Ratzeburg et M. Nordlinger ; en Angleterre par M. Westwood, et en Amérique par M. Aza Fitch. Les besoins de la consommation, ceux de l'industrie ou de la civilisation, forcent l'homme à rompre constamment quelques-unes des lois qui maintiennent l'harmonie et l'équilibre entre tous les êtres de la création ; l'exagération ou le développement de certaine culture, l'amoindrissement ou le cosmopolitisme de quelques autres, sont autant de circonstances qui peuvent amener la multiplication anormale de beaucoup d'insectes ; on a donc eu tort de dire que l'homme avait trop de présomption en cherchant à lutter contre un état de choses qu'il n'avait pas créé, et qui paraît être la conséquence des lois générales qui règlent la proportionnalité de chaque espèce dans la nature.

Nous pensons, Messieurs, vous avoir démontré l'utilité et la nécessité, non-seulement de la destruction des insectes nuisibles, mais aussi le besoin de dispositions légales pour la rendre efficace. Il nous reste maintenant à examiner quelle est notre législation à ce sujet, de quelles modifications elle paraît susceptible et par quels moyens on peut en faciliter l'application.

Dans le mémoire que j'ai déjà signalé, j'ai démontré que c'était au Parlement de Metz que revenait l'honneur d'avoir, le premier, introduit quelque chose de rationnel dans l'obligation d'écheniller. En 1731, toute la France fut ravagée par les chenilles de Bombyx, et pendant l'hiver qui suivit, tous les arbres étaient couverts des bourses dans lesquelles hivernent les jeunes chenilles : ce fut pour amener la destruction de cette quantité innombrable de nids que furent pris, par tous les Parlements de France, des arrêts dont les gouverneurs provinciaux eurent à réglementer et à surveiller l'exécution. Cette obligation existait bien, il est vrai, avant 1732, mais les ordonnances rendues à cet effet ne pouvaient plus être invoquées, car toutes sont empreintes de l'ignorance entomologique et des pratiques superstitieuses du moyen âge. La loi du 26 ventôse an IV ne fut que la reproduction de ce qui avait été décrété auparavant, bien que cependant à cette époque déjà, on eût pu faire beaucoup mieux. Depuis la promulgation de cette loi, nous ne trouvons plus que le paragraphe 8 de l'article 471 du Code pénal et la circulaire ministérielle du 11 avril 1821, qui se rapportent à la législation sur l'échenillage.

Sans entrer dans une discussion approfondie de cette législation, nous vous en ferons seulement remarquer les dispositions qui la rendent insuffisante aujourd'hui. Ainsi, la loi du 26 ventôse n'est applicable qu'aux chenilles qui hivernent dans des toiles filées en commun. Mais en dehors de ces espèces, combien d'autres parmi les Bombyx, les Xylophages, les Pucerons, les Cécidomyies, etc., qu'il est tout aussi important de faire disparaître et dont cependant la destruction ne peut être prescrite par cette loi. Outre cette lacune, déjà suffisante pour motiver une réforme, la loi n'est applicable que pendant un espace de temps fort court, de sorte qu'en dehors des limites tracées par elle, les insectes de toutes sortes peuvent impunément, aux yeux du législateur, se développer et envahir tout une contrée. Enfin, la surveillance et, dans certains cas, l'exécution de la loi sont conférées à des agents, zélés sans doute, mais tout à fait incompétents pour constater efficacement les contraventions. Si, à ces défauts, on ajoute encore la fâcheuse exception créée par la circulaire ministérielle de 1821, en faveur des forêts et des lisières d'icelles, qui sont dispensées de l'échenillage imposé aux propriétaires limitrophes, on restera convaincu de la nécessité de modifier profondément la législation existante sur l'échenillage.

En 1839, un nouveau projet de loi, élaboré par les soins de Martin (du Nord), alors ministre de l'agriculture et du commerce, a été présenté à la Chambre des Pairs où, comme beaucoup d'autres, il n'a pas abouti, malgré les sages dispositions qu'il contenait. En 1848, un nouvel essai, aussi infructueux, a été tenté par M. Richard (du Cantal). Enfin, on dit que le nouveau Code rural, en ce moment soumis à la délibération du Sénat, doit mettre un terme aux réclamations sur la matière ; s'il en est ainsi, c'est une raison de plus pour désirer la prompte promulgation d'un code réclamé par tous les besoins de l'agriculture.

Votre Commission, Messieurs, pour arriver au but que nous désirons tous atteindre, ne saurait cependant vous proposer de faire peser des charges nouvelles sur l'agriculture, ou d'imposer à nos cultivateurs l'application de procédés souvent longs, quelquefois dispendieux et qui, en définitive, n'ont pas une efficacité incontestable. Nous sommes trop pénétrés des inconvénients d'une législation qui veut tout prévoir ou tout réprimer, et nous ne savons que trop bien de combien la pratique du plus grand nombre des agriculteurs est en retard sur les données les moins contestables de la science; aussi saurons-nous limiter nos propositions aux choses possibles et indispensables, sans nous laisser entraîner même à ce qui serait désirable.

Dans l'intérêt de la santé et de l'hygiène publique, on impose journellement, et avec raison, à un grand nombre d'industriels des mesures de salubrité dont quelques-unes sont fort gênantes et quelquefois préjudiciables à leurs intérêts. Le législateur, en rendant le décret de 1810 sur cette matière, a voulu garantir les propriétés voisines en établissant des formalités pour la création et le fonctionnement des industries dangereuses, nuisibles ou incommodes. Or, nous avons suffisamment démontré qu'un arbre, un champ ou un jardin peuvent, dans certains cas, devenir un véritable foyer d'infection pour le voisinage, et nous pensons que, par les mêmes motifs que ceux qui justifient le décret de 1810, on peut, dans des formes analogues, contraindre un propriétaire à purger ses cultures des insectes qui peuvent devenir dangereux pour les voisins. Nous croyons donc que la loi de l'an IV devrait être étendue à la destruction de tous les insectes, et que son application rationnelle et opportune pourrait être réglementée par des arrêtés préfectoraux pris sur l'avis de conseils analogues à ceux de salubrité et d'hygiène publiques, et dans lesquels seraient représentées à la fois l'Administration, les sciences naturelles et l'agriculture.

Dans de pareilles conditions on ne craindra pas de voir imposer aux cultivateurs des choses impraticables ou hors de proportion avec les résultats à obtenir. La théorie et la pratique, la science et la routine, la spéculation et l'observation se trouvant en contact se prêteront un mutuel secours, et l'entomologie appliquée, tout en se vulgarisant, sortira enfin des langes dans lesquels elle est encore enveloppée. Des moyens qui peuvent amener une augmentation d'un cinquième dans la récolte du colza, d'un dixième dans celle du blé, d'un quart dans celle des olives, etc., valent certainement la peine d'être recherchés, et les travaux dirigés dans ce but nous paraissent tout aussi dignes d'encouragements que tous les autres. Ce n'est pas sans une certaine amertume que nous lisons souvent les programmes des Académies, des Sociétés d'agriculture, des Comices même, sans y trouver une seule récompense pour les communications du genre de celle de M. Fridrici. Votre Commission appelle sérieusement l'attention du Comice agricole de Metz sur les dernières observations que nous venons de lui soumettre.

Pardon, Messieurs, d'avoir retenu si longtemps votre bienveillante attention, mais le sujet n'est pas sans importance, et nous avons voulu vous éclairer complétement, afin d'obtenir plus sûrement votre assentiment sur les propositions qu'il nous reste encore à vous soumettre.

ERRATA.

Page 3. Ligne 5. *La reproduction ici ne serait pas d'une*
  Lisez : La reproduction de ces détails ne serait pas ici.

METZ. IMP. F. BLANC.

EN VENTE :

NOTES pour servir à l'histoire des Insectes nuisibles à l'Agriculture, à l'Horticulture et à la Sylviculture dans le département de la Moselle :

    N° 1. Introduction.
    — 2. Insectes qui attaquent les Blés.
    — 3. Insectes du Poirier. (Première partie.)
    — 4. Insectes de l'Orme et du Peuplier.
    — 5. Insectes du Poirier. (Deuxième partie.)

www.ingramcontent.com/pod-product-compliance
Lightning Source LLC
Chambersburg PA
CBHW070450080426
42451CB00025B/2561